Two Friends

دودوست

English-Urdu

Author : LEILA HAKIM ELAHI
Illustrator : ALI MAFAKHERI

Elahi, Leila Hakim
Two Friends
Dual language children's book

Illustrator : Ali Mafakheri

ISBN : 81-7650-272-3

Published in India for
STAR BOOKS
55, Warren Street,
London W1T 5NW (UK)
Email : indbooks@spduk.fsnet.co.uk

by
Star Publishers Distributors
New Delhi 110002 (India)

Peacock Series
First Edition : 2006

This book has been published in dual language format
under arrangement with Shabaviz Publishing Co., Iran.

Printed at : Public Printing (Delhi) Service

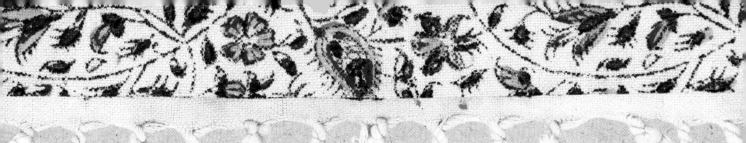

Once there were two friends, Cappy and Specky.
Cappy always wore a red cap, and Specky always wore
big, round glasses.

When all other children played out in the snow, both
Cappy and Specky stayed inside their home.

ایک بار دو دوست تھے، کپی اور سپیکی ۔

کپی ہمیشہ لال ٹوپی پہنتا تھا اور سپیکی بڑا، گول چشمہ ۔

جب باقی سبھی بچّے باہر برف میں کھیلنے جاتے،

کپی اور سپیکی دونوں اپنے گھر کے اندر

بیٹھے رہتے تھے ۔

One day, Specky asked Cappy, "Why are you not wearing your cap today ? It is so beautiful."

ایک دن، سپیکی نے کیپی سے پوچھا، ''آج تم نے اپنی ٹوپی کیوں نہیں پہن رکھی ہے؟ وہ کتنی خوبصورت لگتی ہے۔

Cappy replied, “I don’t like this cap. I look funny in it. When I wear it, the other children laugh at me. But if I go out without wearing it, I catch a cold and my face turns red. That is the reason I stay at home and don’t go out to play.”

کپی نے جواب دیا، ”مجھے یہ ٹوپی اچھّی نہیں لگتی۔ میں اُس میں عجیب لگتا ہوں۔ جب میں اُسے پہنتا ہوں تو بچّے مجھ پر ہنستے ہیں۔ مگر جب میں اُسے پہنے بغیر باہر جاتا ہوں تو مجھے ٹھنڈ لگ جاتی ہے اور میرا چہرہ لال ہو جاتا ہے۔ یہی وجہ ہے کہ میں گھر پر ہی رہتا ہوں اور باہر کھیلنے نہیں جاتا۔“

Then Cappy asked Specky, “Why are you not wearing your glasses today ? They are so pretty.”

Specky replied, “I don’t like my glasses. They are so big that I look silly in them. The kids make fun of me when I wear them. But without them, I cannot see clearly. So I prefer to stay at home and not go out.”

تب کیپی نے سپیکی سے پوچھا، ”آج تم نے اپنا چشمہ کیوں نہیں پہن رکھا ہے؟ وہ کتنا خوبصورت ہے۔“

سپیکی نے جواب دیا، ”مجھے اپنا چشمہ پسند نہیں ہے۔ وہ اتنا بڑا ہے کہ میں اُس میں بے وقوف لگتا ہوں۔ جب میں اُسے پہنتا ہوں تو بچّے مجھ پر ہنستے ہیں۔ لیکن بغیر چشمہ کے مجھے صاف دکھائی نہیں دیتا۔ اس لئے میں گھر پر ہی رہنا پسند کرتا ہوں اور باہر کھیلنے نہیں جاتا۔“

Cappy said, "I really want a pair of glasses like yours, so that I can look like a scientist. But my mother says only people with weak eyes wear glasses. You know what I did ? I stared at the sun, tried to read in dim light, and rubbed my eyes with dirty hands. With all that, my eyes itched and ached, but did not grow weak."

کپی نے کہا، ''مجھے تمہارے جیسا چشمہ چاہئے، تاکہ میں سائنس داں جیسا دکھائی دوں۔مگر میری
امّی کہتی ہیں کہ صرف کمزور آنکھوں والے لوگ ہی چشمہ پہنتے ہیں۔اس پر جانتے ہو میں نے کیا کیا؟ میں
نے سورج کی طرف گھور کر دیکھا۔کم
روشنی میں پڑھنے کی کوشش کی ،اور اپنی
آنکھوں کو گندے ہاتھوں سے پونچھا۔
اتنا سب ہونے پر بھی میری آنکھوں
میں صرف کھجلی اور درد ہوا لیکن وہ کمزور
نہیں ہوئیں۔''

"I pretended that I could not see clearly. My mother took me to the doctor, who made me read an alphabet chart. I read out every letter, and he realised that my eyes were perfectly all right."

"میں نے بہانہ کیا کہ مجھے ٹھیک سے دکھائی نہیں دیتا۔ میری امّی مجھے ڈاکٹر کے پاس لے گئیں، جس نے مجھے حروف چارٹ پڑھنے کو کہا۔ میں نے ہر ایک لفظ کو اچھّی طرح پڑھ لیا، اور تب وہ سمجھ گیا کہ میری آنکھیں بالکل ٹھیک ہیں۔''

"I borrowed my sister's sun glasses. I liked them very much. It made me feel like a scientist that I want to become when I grow up."

‟میں نے اپنی بہن کا چشمہ لے کر پہنا۔ مجھے وہ بہت اچھّا لگا۔ اُسے پہن کر میں اپنے کو ایک سائنس داں جیسا محسوس کرنے لگا، جو میں بڑا ہو کر بننا چاہتا ہوں۔"

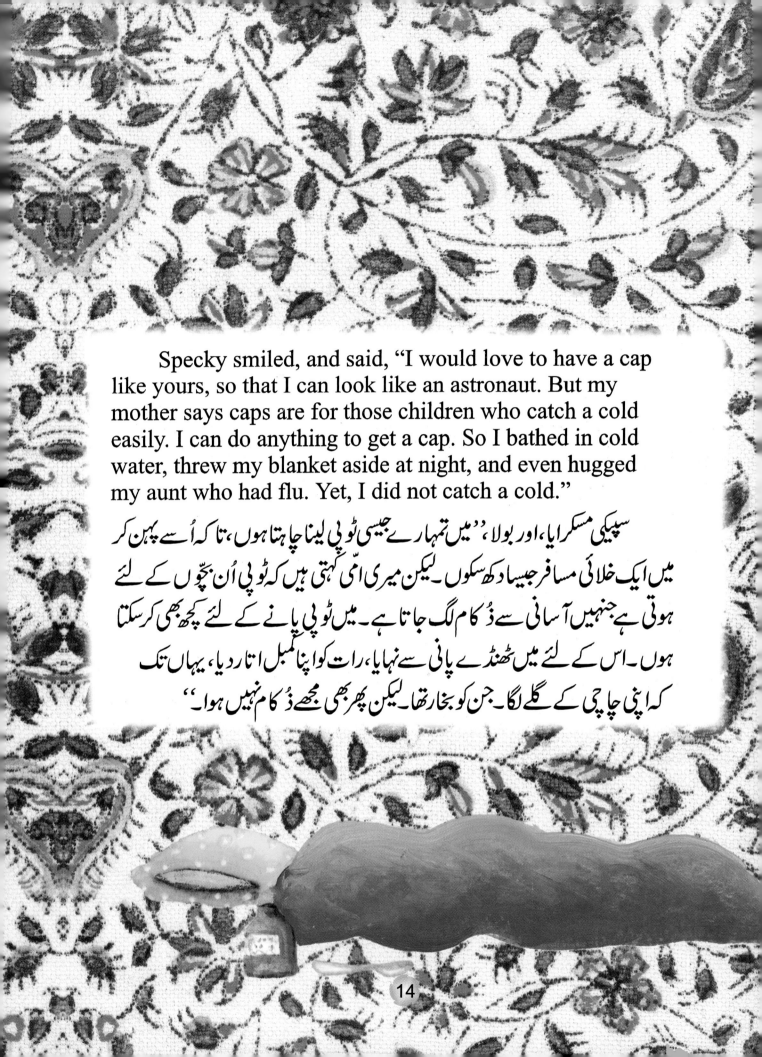

Specky smiled, and said, "I would love to have a cap like yours, so that I can look like an astronaut. But my mother says caps are for those children who catch a cold easily. I can do anything to get a cap. So I bathed in cold water, threw my blanket aside at night, and even hugged my aunt who had flu. Yet, I did not catch a cold."

سپیکی مسکرایا، اور بولا، ''میں تمہارے جیسی ٹوپی لینا چاہتا ہوں، تا کہ اُسے پہن کر میں ایک خلائی مسافر جیسا دکھ سکوں۔ لیکن میری امّی کہتی ہیں کہ ٹوپی اُن بچّوں کے لئے ہوتی ہے جنہیں آسانی سے زُکام لگ جاتا ہے۔ میں ٹوپی پانے کے لئے کچھ بھی کر سکتا ہوں۔ اس کے لئے میں ٹھنڈے پانی سے نہایا، رات کو اپنا کمبل اتار دیا، یہاں تک کہ اپنی چاچی کے گلے لگا۔ جن کو بخار تھا۔ لیکن پھر بھی مجھے زُکام نہیں ہوا۔''

"I groaned and pretended to sneeze, as if I had actually caught a cold. My mother took me to the doctor. He checked me, and understood that I was fine and had no illness."

”میں نے کراہنے اور چھینکنے کا بہانہ کیا، جیسے کہ مجھے سچ میں ذکام لگ گیا ہو۔ میری امّی مجھے ڈاکٹر کے پاس لے گئیں۔ میری جانچ کرنے پر وہ سمجھ گیا کہ میں بالکل ٹھیک ہوں اور مجھے کوئی بیماری نہیں ہے۔“

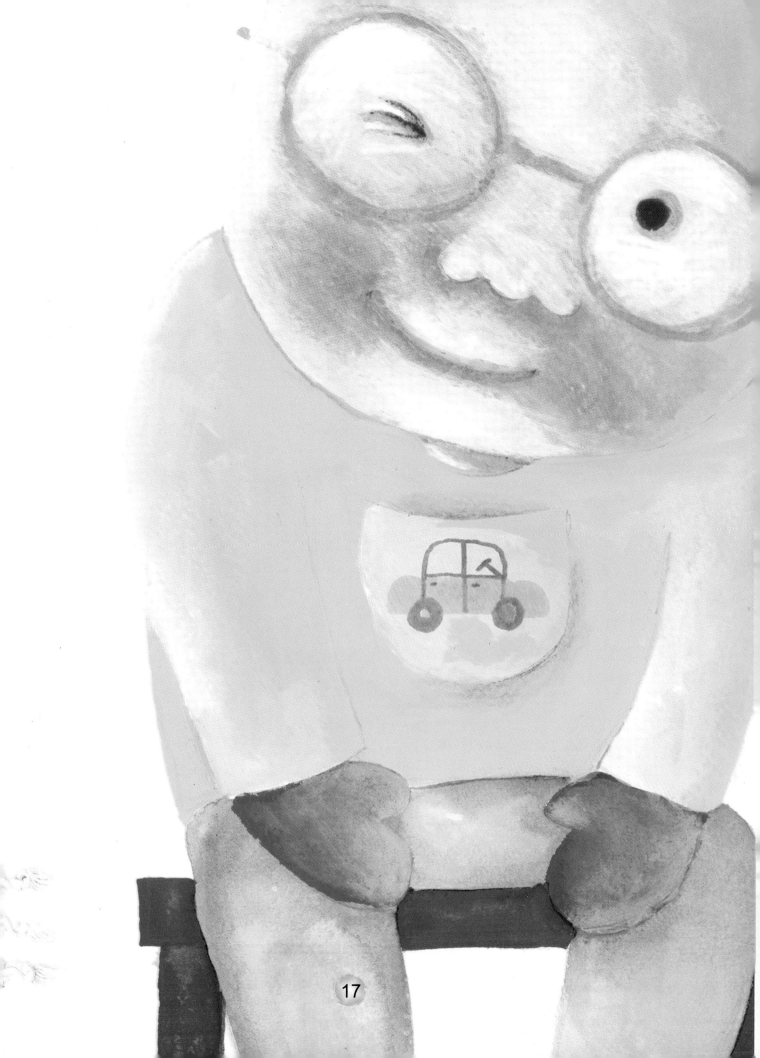

"My cousin lent me his cap, and I was very excited to wear it. I imagined myself to be an astronaut in that cap, flying into space in my rocket. I have always wanted to become an astronaut when I grow up."

"میرے چچیرے بھائی نے مجھے اپنی ٹوپی دی اور میں اُسے پہن کر بہت خوش ہوا۔ مجھے لگنے لگا کہ جیسے میں ایک خلائی مسافر ہوں اور اپنے راکٹ میں خلا میں اڑ رہا ہوں۔ میں ہمیشہ بڑا ہو کر خلائی مسافر بننا چاہتا ہوں۔"

19

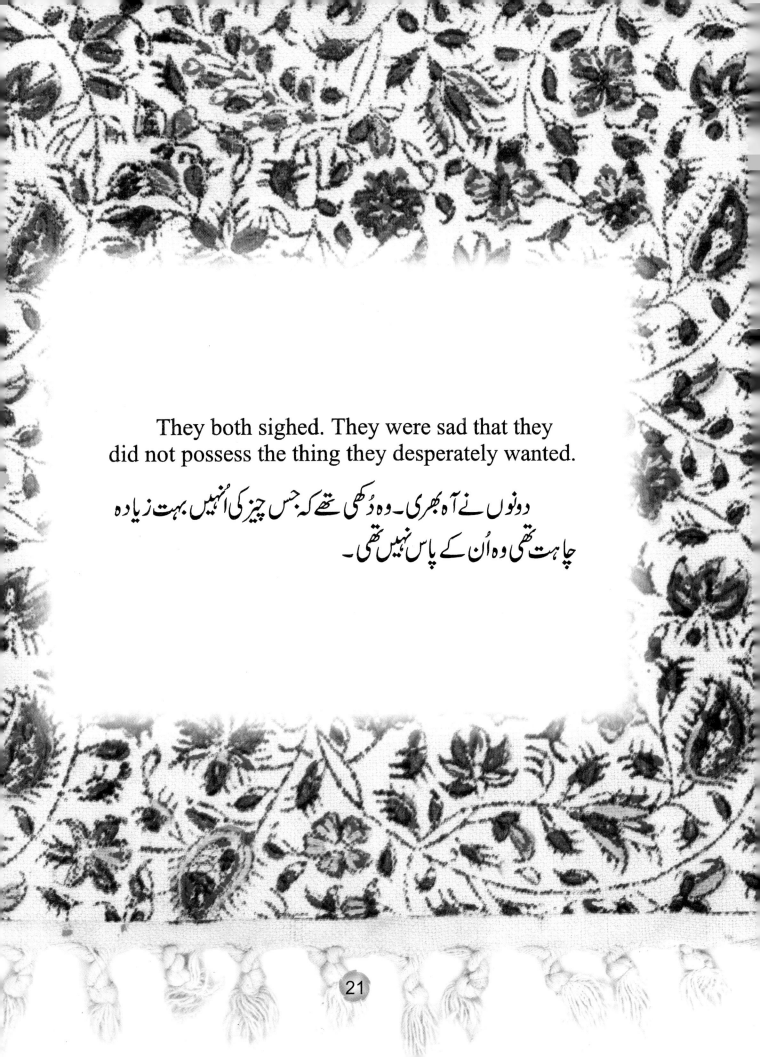

They both sighed. They were sad that they
did not possess the thing they desperately wanted.

دونوں نے آہ بھری۔ وہ دُکھی تھے کہ جس چیز کی اُنہیں بہت زیادہ
چاہت تھی وہ اُن کے پاس نہیں تھی۔

After a while, they looked at each other and smiled. They had thought of a great idea. Cappy gave his cap to Specky, and in turn took Specky's glasses. Then they looked into the mirror. Cappy felt like a real scientist in his new glasses, while Specky thought he looked very nice as an astronaut in his new cap. Now they were both happy.

کچھ دیر بعد، دونوں ایک دوسرے کو دیکھ کر مُسکرانے لگے۔ اُنہیں ترکیب سُوجھی۔ کیپی نے اپنی ٹوپی سپیکی کو دے دی اور سپیکی کا چشمہ خود پہن لیا۔ پھر دونوں نے آئینہ میں دیکھا۔ کیپی اپنے نئے چشمہ میں بالکل سائنس داں جیسا محسوس کر رہا تھا، جبکہ سپیکی اپنی نئی ٹوپی میں خلائی مسافر جیسا خوبصورت لگ رہا تھا۔ اب وہ دونوں بہت خوش تھے۔

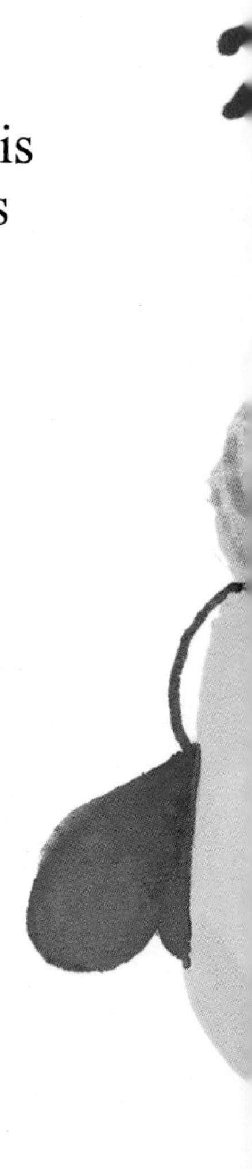

Cappy began to draw a picture. But with the glasses on, everything appeared blurred to him. He drew a face with a nose on the forehead, and eyes near the mouth.

کیپی نے ایک تصویر بنانی شروع کی۔
لیکن چشمہ پہن کر اُسے سب کچھ دُھندلا نظر آرہا
تھا۔ایک چہرے کی تصویر بناتے ہوئے اُس نے
ناک کو ماتھے پر اور آنکھوں کو منہ کے پاس بنادیا۔

Specky picked up a ball, but when he threw it up in the air, he could not see where it went. He realised he was unable to see anything without his glasses, and the cap kept coming into his eyes.

سپیکی نے گیند اٹھائی، لیکن جب اُس نے وہ اوپر ہوا میں پھینکی تو اُسے دکھائی نہیں دیا کہ گیند کہاں گئی۔ وہ سمجھ گیا کہ بغیر چشمہ کے وہ کچھ بھی نہیں دیکھ پا رہا تھا، اور ٹوپی بار بار اُس کی آنکھوں پر آ رہی تھی۔

They could neither play games, nor watch television as Specky could not see anything, and Cappy saw everything blurred.

وہ نہ کچھ کھیل پائے اور نہ ٹیلیویژن دیکھ سکے کیونکہ سپیکی کچھ دیکھ
نہیں پا رہا تھا اور کیپی کو سب دھندلا نظر آ رہا تھا۔

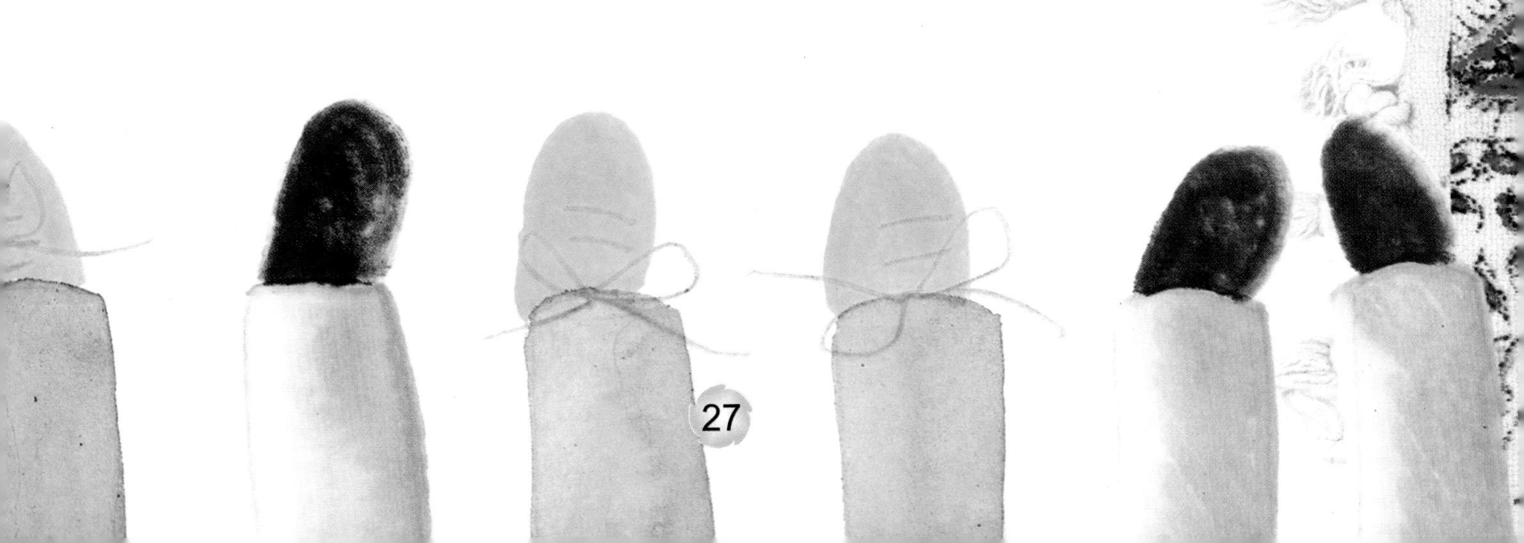

Specky then suggested to Cappy, "Let's go out and make a snowman."

Cappy was reluctant. "I cannot go out because I will catch a cold without my cap. You too will not be able to see properly because you are not wearing your glasses." he said.

سپیکی نے تب کیپی کو مشورہ دیا،"چلو باہر چلتے ہیں اور برف کا بُت بناتے ہیں۔"

کیپی ہچکچایا۔وہ بولا،"میں باہر نہیں جاسکتا کیونکہ بغیر ٹوپی کے مجھے زکام ہو جائے گا اور تم بھی صاف نہیں دیکھ سکتے کیونکہ تم نے اپنا چشمہ نہیں پہن رکھا ہے۔"

Once again, they sat down and sighed. Then they looked at each other, and burst out laughing. Cappy returned the glasses to Specky, and Specky gave back the cap to him.

ایک بار پھر دونوں اُداس ہو کر بیٹھ گئے۔ پھر اُنھوں نے ایک دوسرے کی طرف دیکھا
اور زور سے ہنسنے لگے۔ کیپی نے چشمہ سپیکی کو واپس کر دیا اور سپیکی نے ٹوپی کیپی کو لوٹا دی۔

They stood in front of the mirror, and realised that they both looked good as they were Cappy with his red cap, and Specky with his big, round glasses. That was their true identity.

دونوں آئینہ کے آگے کھڑے ہو گئے، اور سوچنے لگے کہ دونوں جیسے ہیں ویسے ہی اچھّے لگتے ہیں۔ کیپی اپنی لال ٹوپی کے ساتھ اور سپیکی اپنے بڑے، گول چشمہ کے ساتھ۔ یہی اُن کی سچّی پہچان تھی۔

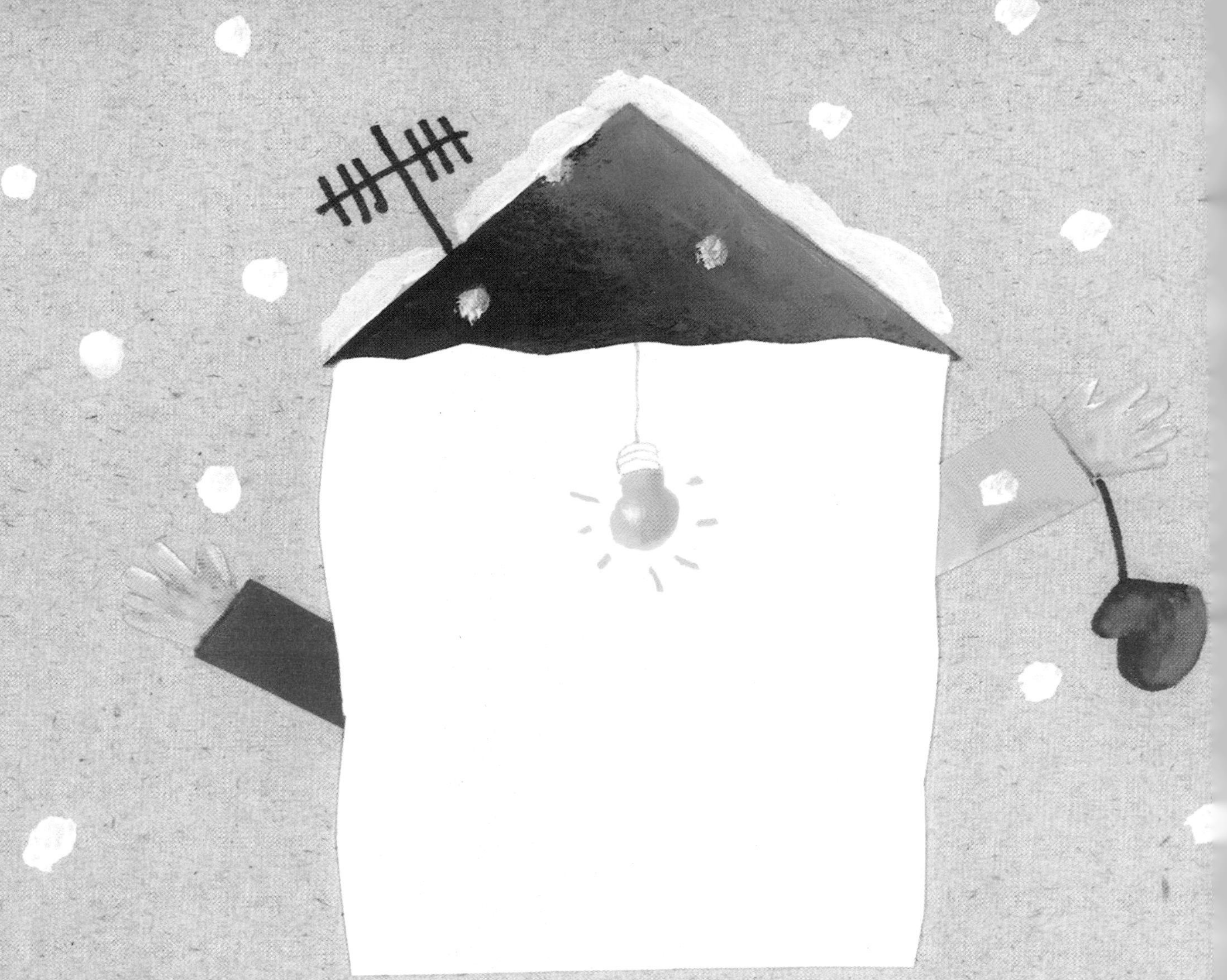

They no longer felt awkward. Now they found themselves as normal as the other children. They had understood that it is better to be one's true self, than to imitate someone else.

اب اُنہیں کچھ بھی عجیب نہیں لگ رہا تھا۔ اُنہیں احساس ہوا کہ وہ دوسرے بچّوں کی طرح عام تھے۔ وہ سمجھ گئے کہ دوسروں کی نقل کرنے کی بجائے ہمیں اپنی اصلیت میں ہی رہنا چاہئے۔